Durchstarten in den Alltag:
Eine wunderschöne Lesereise mit wertvollen Tipps
für Ihren Alltag.

Gute, positive Worte für Ihren Tag
- Ein wertvoller Leitfaden -

1. Auflage 2019
© Copyright by Jürgen Schabinger
Texte und Bilder urheberrechtlich geschützt
www.gute-positive-worte.de

Fotos: © Jürgen Schabinger
Fotos: © Adobe Stock

Gestaltung:
Michaela Opderbeck
Druck & Kopie M. Schulz
Lauchringen

Verlag und Druck: tredition GmbH,
Halenreie 40-44, 22359 Hamburg

juergen@schabinger.de

ISBN 978-3-00-063341-6

Jürgen Schabinger

Gute, positive Worte für Ihren Tag!

- Ein wertvoller Leitfaden -

30 Themen zu Ihren
alltäglichen Lebensbereichen.

Gute Worte stärken
und tun gut!

Inhalt

»Nutzen Sie für sich meine
guten, positiven Worte und Gedanken
für Ihren Tag.«

Der Apfel, ein kulinarischer Alleskönner!

Vorwort

Sicher wollen auch Sie, liebe Leserinnen und liebe Leser in Ihrem Leben fröhlich und glücklich sein. Sie wollen vielleicht gelassener, mutiger und erfolgreicher sein oder etwas erreichen, verändern oder neu gestalten. Ganz gleich, wie Sie Ihr Leben gestalten, zu all Ihren Vorhaben benötigen Sie gute, positive Worte, welche Sie begeistern, anspornen, inspirieren, motivieren und erfreuen. Eine sehr gute Möglichkeit hierzu für Sie sind meine 30 verfassten Themen zu den alltäglichen Lebensbereichen.

In diesem Buch geht es für Sie um etwas ganz Entscheidendes. Es geht um das »bewusste« Handeln und Tun in Ihrem Alltag. Jede Handlung hängt von Ihren Gedanken und Gefühlen ab. Und hier kann und möchte ich Ihnen meine persönlichen Lebenserfahrungen mit auf den Weg geben. Zu jedem dieser 30 Themenbereiche habe ich wertvolle Hinweise und Tipps für viele Anwendungen und Anregungen verfasst.

Viele Menschen berichten uns, mit welcher Freude sie in diesem Buch immer wieder lesen. Dies ist mein Herzenswunsch, dass auch Sie mit großer Freude immer wieder diese guten, positiven Worte für sich neu verwirklichen können.

Jürgen Schabinger

Fotos zum Buch

In meinen Büchern, Broschüren und Flyern habe ich stets schöne Fotos mit eingebunden. Ich bin der Ansicht, dass Texte und Bilder sich optimal ergänzen können. Vor allen Dingen haben sich meine Kunden bei Umfragen stets dafür ausgesprochen.

In diesem Buch:

»Gute, positive Worte für Ihren Tag«
- Ein wertvoller Leitfaden -

dürfen sich alle Leserinnen und Leser wieder bei vielen Themen mit farbenfrohen Bildern erfreuen.

Gestärkt in meiner Arbeit haben mich die vielen Leserinnen und Leser. Ob beim persönlichen Verkauf vor Ort, oder per Post und Mails, wurde mir die Freude zu den wunderschönen Bildern zum Ausdruck gebracht.

Passend hierzu ein nettes Schreiben meiner Leserin Frau Bartholomä, Gurtweil:

»Wann immer ich mein Buch: Gute, positive Worte für Ihren Tag lese, freue ich mich, weil es etwas Besonderes ist.
Diese Bilder und Texte sind einfach wunderbar!«

Einleitung

Jeder Mensch braucht täglich gute Worte,
die seine Freude, Energie und Begeisterung
immer wieder auf das Neue anspornen.

Sehr oft wirkt nichts besser,
als ein paar gute, motivierende Worte.
Gute Worte können beflügeln, begeistern,
anspornen, ermutigen, motivieren,
inspirieren, erfreuen und Energie schenken.

Meine zusammengefassten
Worte und Texte in diesem Buch
sind für Sie wertvolle Begleiter für Ihren Tag.

Daher ist es von Nutzen,
sich solche positiven Worte und Texte
anzueignen und im Geiste aufzunehmen.

Durch meine jahrzehntelange Berufserfahrung im
Umgang mit sehr vielen Mitmenschen entstand
dieses Buch. Der Inhalt zu diesen 30 Themen ist ein
wertvoller Leitfaden und ein Ansporn
für Ihren Alltag.

Schöner Blick über den Bodensee

Anerkennung

Jeder Mensch hat das Verlangen nach
Anerkennung und jeder braucht Anerkennung.
Eines unserer wichtigsten menschlichen
Grundbedürfnisse ist es, anerkannt zu werden.

Wo das Anerkennen fehlt,
fühlen sich Menschen irgendwann unzufrieden,
unmotiviert und vernachlässigt.
Doch wenn man in anderen Menschen das Beste sucht,
wird dies dazu beitragen,
das Beste aus ihnen hervorzubringen.

Von größtem Nutzen ist es auch immer,
das Bestmögliche für den Menschen zu denken.
Die positiven Gedanken und Worte können
enorme Kräfte freisetzen.

Haben wir Anerkennung für ein erreichtes Ziel
erhalten, wird die Anerkennung im Unterbewusstsein
verankert und für positive Gedanken immer mächtiger.
Schenken Sie sich selbst Anerkennung
für ihre persönlichen Leistungen.

Anerkennung gehört zu unserem täglichen Leben.
Kinder macht nichts so glücklich
wie die Anteilnahme und Anerkennung.
Und Erwachsene brauchen sie ebenso,
wenn nicht sogar noch mehr.

Schwarzwald - wunderschöne Heimat

Arbeit

Aus Erfahrung weiß ich,
dass das positive Denken
und die innere Einstellung
mit entscheidend für die berufliche Tätigkeit ist.

Daher sollten Sie die tägliche Arbeit
mit guten, positiven Gedanken beginnen und Ihre
Gedanken sorgfältig entsprechend auswählen.

Schon morgens wissen Sie,
dass wichtige Aufgaben anstehen.
Ihre Arbeit ist anspruchsvoll,
füllt Sie aus, macht Sie ausgeglichen,
schenkt Ihnen Befriedigung und Freude.

Sie sind bei der Arbeit aktiv,
kreativ und produktiv.
Gehen Sie stets mit guten und
positiven Gedanken an Ihre Arbeit.

*Tiere geben uns Menschen viel mehr
als Lebensfreude!*

Atmen

Heute schon »bewusst« geatmet?
*Oft sind die einfachen Lösungen zu vielen Dingen die
besten. Nehmen Sie zum bewussten und effektiven Atmen
meine Tipps für das gesunde Atmen in Ihren Alltag
mit hinein.*

*Das Atmen ist für uns Menschen die natürlichste Sache der
Welt. Es geschieht ganz unbewusst.
Jeder Mensch ist auf ausreichende Sauerstoffversorgung
jedes einzelnen Organes angewiesen.*

*Wenn wir die Atmung bewusst wahrnehmen und richtig
steuern, entnehmen wir den größten Nutzen daraus.
Deshalb: Der Atem muss tief bis in den Bauchraum fließen,
um Organe und Zellen ausreichend
mit Sauerstoff zu versorgen.*

*Die Tiefenwirkung des Atmens verbessert die
Durchblutung. Verspannungen und Schmerzen können
sich lösen. Daher immer wieder täglich tief durch die Nase
einatmen und langsam durch den Mund ausatmen.*

*Die meiste Energie erhält der Körper,
wenn wir über die Nase tief einatmen
und über den Mund langsam ausatmen.*

*Bei Stress oder zur Entspannung sollten Sie 10 bis 15 Mal
tief einatmen und ganz langsam wieder ausatmen.*

Gleitschirmstart vom Rofangebirge in Österreich

Begeisterung

Auch die Begeisterung
hat eine innerliche Kraft und Macht.
Eine aufrichtige Begeisterung spürt man.
Sie steckt die anderen an.

Die Begeisterung kann auf alle
Lebensbereiche übertragen werden.
Handeln wir begeistert,
werden wir begeistert werden.

Mit Begeisterung arbeiten,
bedeutet auch mit Begeisterung alles erledigen.
Mit Begeisterung leben und handeln,
bringt mehr Lebendigkeit und Freude in
unseren täglichen Alltag.

Erfolg kommt durch Begeisterung.
Darum sollten Sie möglichst alles
mit Begeisterung tun.

Alles was Sie mit Begeisterung tun, wird wirklich gut.

Tulpenblüte Insel Mainau

Danke

Der Dank oder das Dankeschön
ist eine Quelle der Energie.
Der Dank beseitigt die Zweifel,
weil wir mit dem Danken an die Erledigung
und Ausführung glauben.

Zum Beispiel:
»Danke, dass du dies für mich getan hast.
Ich bin dir dankbar für deine lieben Worte.«

Durch das Danken vermehrt sich auch das Gute.
Dank ist Dankbarkeit.

Danken verbreitet Harmonie und Freude.
Durch das Danken bestätigen wir die Freundschaft,
Zuneigung und auch die Zusammenarbeit.

Dank ist eine wichtige Form von Anerkennung.

Straße zum Erfolg

Erfolg

Erfolg ist in großem Maße Lebensqualität.
Und weil das so ist, sollten wir unser Leben
bewusst erfolgreich gestalten.

Denn jeder strebt nach Erfolg, möchte irgendwie
erfolgreich sein. Dies beginnt mit kleinen Zielen und
kleinen Wünschen. Erfolg ist kein Zufall, er ist nicht
plötzlich da. Erfolg ist auch nicht das schnelle, große Geld,
nicht das schnelle Ziel oder der schnelle Gewinn.

Erfolg erfolgt in einzelnen Abläufen.
Daher gilt die Aussage, Erfolg ist das was folgt.
Dazu zählen Training, Übung, Ausdauer, Talent und Fleiß.

Jeder Erfolg entsteht durch eine positive
Lebenseinstellung, durch positive Gedanken und durch
positive Gefühle. Dies geschieht aus dem Innern,
aus dem Herzen. Jeder noch so »kleine« Erfolg hat
viel mit Hingabe, Liebe und Begeisterung zu tun.

Erfolg ist Freude, Leidenschaft, Spaß
und das Erreichen von Etappenzielen.
Dann ist der Erfolg der wahre
und glückliche Erfolg im Leben.

Erfolgreich sein bedeutet auch,
sein eigenes Leben zu meistern!

Rhododendronstrauch im eigenen Garten

Freude

Jede noch so kleine Freude ist wichtig für uns Menschen.
Freude brauchen wir alle, jeden Tag.
Planen und erledigen Sie alles mit Freude.
Ganz gleich, ob Sie Ihre Freude bei der Arbeit,
in der Freizeit, mit der Familie,
beim Sport, auf Reisen oder im Urlaub anwenden.

Tun Sie alles immer mit Freude.

Denken Sie an die jeweiligen schönen
Vorfreuden für Ihre geplanten Vorhaben.
Haben Sie Freude an sich selbst,
sonst macht Ihnen die Welt keine Freude.

Für die Freude gibt es viele liebevolle Redewendungen.
Aus der Vielzahl hier ein paar nette, positive Beispiele:
Freue mich, dass du da bist;
Freue mich, dass es dir gut geht;
du hast mir eine schöne Freude gemacht;
der Tag oder Abend war voller Freude;
möchte dir eine kleine Freude bereiten.

Mehr Lebensqualität kommt durch mehr Lebensfreude.

Kurparkanlage in St. Blasien

Gedanken

Eines der wichtigsten Elemente
ist die Kraft der Gedanken.

Die Gedanken sind Ausdruck eines jeden Menschen
und nehmen Einfluss auf unsere Entscheidungen.

Unser Geist ist abhängig davon,
was ihm gedanklich vorgegeben wird.

Achten Sie darauf,
möglichst keine negativen Gedanken aufzunehmen.
Senden Sie stets gute, positive Gedanken aus
und es werden sich positive
Ergebnisse bei Ihnen einstellen.

Wer dauernd negative Gedanken hat,
wird negative Gedanken aktivieren
und dadurch negative Ergebnisse anziehen.

Haben Sie täglich gute Gedanken
und übertragen diese auch auf Ihre Mitmenschen.

Innere Ruhe, abschalten, entspannen, durchatmen.

Gelassenheit

Gelassenheit ist für uns Menschen enorm wichtig.
Ob im Job oder Privat. Wir alle kennen das Gegenteil von
Gelassenheit. Zum Beispiel innere Unruhe, Anspannung,
Angst, Ärger, Aufregung, Frust, Stress, Nervosität, Hektik,
Ungeduld, Wut. Diese Probleme führen oft dazu,
dass wir uns aufregen und aus der Haut fahren.
Im Endeffekt bringt uns das gar nichts.

Sie kennen aus Ihrer Sicht viele solcher negativen
Situationen. Ganz einfache Beispiele: Sie regen sich oft
über zu viele Dinge auf. Jemand nimmt Ihnen die Vorfahrt
und Sie ärgern sich noch minutenlang später darüber.
Sie stehen in einer Warteschlange, oder gar im Stau.
Jetzt nützt alles meckern und nörgeln nichts.
Es liegt ganz alleine an Ihnen, wie »gelassen« Sie
reagieren. Tatsächlich gilt, in der Ruhe liegt Ihre Kraft.
Nach meiner Ansicht sind die wichtigsten Faktoren: Innere
Ruhe, Ausgeglichenheit und Entspannung = Gelassenheit.
Gelassenheit verschaffen wir uns aus dem Innern, aus
den eigenen, bewussten Gedanken. Dies geht nicht von
heute auf morgen, dies müssen wir täglich neu lernen und
trainieren. Wichtig ist zu erkennen, die Situation »ist so,
wie sie ist.« Ohne Bewertung, ob gut oder schlecht.
Es ist erstmal so.

Nun gilt es stets als erstes, Ruhe zu bewahren.
Dadurch treffen Sie keine voreiligen Entscheidungen.
Zum zweiten sollten Sie sich immer Zeit zum sofortigen
tiefen Durchatmen nehmen. Der Körper entspannt und Sie
können danach richtig reagieren.

Blick auf den Aachensee in Österreich

Genießen

Das Genießen ist eine Lebensart,
welche wir bereits aus der Kindheit kennen.
Schon das Baby genießt es liebevoll umsorgt zu sein.
Es genießt das Spielen, das Essen und die Fröhlichkeit.

Der Genuss ist an unsere fünf Sinne gebunden:
Sehen, hören, schmecken, riechen und tasten.

Das Leben wird lebenswert durch das Genießen.
Sonst wäre es oft grau und öde.
Jeder Mensch genießt anders.
Aber alle Genießer haben eines gemeinsam:
Sie kennen die Lebenskunst für angenehme,
entspannte und glückliche Auszeiten.
Denn Genuss steht nicht nur für feines Essen,
sondern es sind viele kleine Dinge des Lebens,
welche der Genießer täglich zu schätzen weiß.

Zum Beispiel das Betrachten einer Blume, den Blick auf
das Meer, einen Sonnenaufgang betrachten, oder ein
Spaziergang kann einen wahrlichen Genuss bereiten.

Genuss entsteht nicht so nebenbei.
Man muss sich dessen Genuss bewusst machen.
Genuss ist mehr als Vergnügen.
Mit Genuss mögen wir unsere eigene Welt
verschönern und bereichern.
Wer genießen kann,
der möchte auch den Genuss mit anderen teilen.

Der Wald im Wiggenberg, Lauchringen

Gesundheit

Achten Sie stets sorgfältig und
liebevoll auf Ihren Körper.

Geben Sie ihm täglich körperliche Bewegung
und gesunde Ernährung.

Der Körper ist ein Spiegel
unserer Gedanken und Überzeugungen.

Er gibt uns viele Zeichen und Botschaften
für den richtigen Umgang.

Dies spüren wir zum Beispiel beim Ausruhen,
Atmen, Entspannen, beim Sport
und in der Hektik des Alltags.

Daher sollten Sie Ihren Körper lieben,
verwöhnen und gesund erhalten.

Entspannen und relaxen am Bodensee

Glücklich sein

Im Grunde sind es unsere positiven Gedanken,
die uns lebensfroh und glücklich machen.
Glücklich zu sein ist eigentlich das Wichtigste
überhaupt in unserem Leben.

Für jeden bedeutet der Augenblick
von Glücklich sein etwas anderes.
Der eine ist glücklich über sein neues Auto,
die schöne Wohnung, das eigene Haus,
die bestandene Prüfung, die gute Partnerschaft,
das erste Kind, die tägliche Arbeit
oder die Geburtstagsfeier.

Zum Glücklich sein
gehören daher viele kleine Glücksmomente.

Es gibt vieles aufzuzählen,
was glücklich macht und das Herz erfreut.
Jeder gute, positive Gedanke ist die Ursache
für unser Glücklich sein.

Glücklich sein entsteht dann,
wenn wir es mit anderen teilen.
Das Glücklich sein müssen wir jeden Tag neu erschaffen.
Wir müssen es uns ehrlich wünschen
und von ganzem Herzen ersehnen.

Glücklich sein ist immer dann,
wenn wir die Liebe und Zufriedenheit in uns spüren.

Jeder strebt nach Glück!

Einfach glücklich sein!

»Das Wichtigste ist es glücklich zu sein!«

Wutach bei Oberlauchringen,
dahinter die Küssaburg

Gott ist Liebe

Diese wunderbaren Worte:
»Gott ist Liebe«
habe ich von Gottesdiensten aufgenommen.

Sie sagen vieles aus.
Diese Worte wirken auf uns
und stärken uns im Glauben.

Gottes Liebe ist für uns erfahrbar geworden
in dem Menschen Jesus.
Wo immer wir diesem Weg Jesu folgen,
ist Gott bei uns.

Mit jedem Atemzug
können wir das Wirken Gottes spüren.

Gott ist das Höchste und Beste in jedem Menschen.
Konzentrieren wir unser Denken und Handeln
auf Frieden, Ausgeglichenheit, Sicherheit
und göttliche Führung.

Wir dürfen sicher sein: Gott liebt uns.

Jede Jahreszeit hat ihren Reiz

Jahreszeiten

Die meisten Menschen sehnen sich nach dem Frühling.
Die warmen Sonnenstrahlen, der einmalige Duft,
die ersten Blumen, das erste Grün in Wiesen und
Gärten, sowie die blühenden Bäume machen richtig
Lust und Freude in die freie Natur zu gehen.

Für viele Menschen gibt es im Sommer nichts Schöneres
als die tollen Grillabende mit Familien und Freunden im
Freien. Dazu gehören auch die schönen Gartenfeste in
vielen Städten und Gemeinden. Und endlich ist die
ersehnte Urlaubs- und Ferienzeit da.
Alle freuen sich auf ihr Urlaubsziel. Ob nah oder fern,
Hauptsache entspannen, abschalten und genießen.

Sobald die Tage kürzer werden zeigt sich der bunte Herbst.
Es ist ein wahres Naturschauspiel, die verfärbten Blätter
der Bäume und Sträucher zu bestaunen.
Jetzt erfreuen wir uns an den vielen reifen Früchten,
dem Gemüse, den Trauben und dem Wein.
Es ist Erntedank.

Der Winter verzaubert die Landschaften in eine
wunderbare Winterwelt. Schneekristalle funkeln,
glitzernde Eiszapfen bilden sich. Die Natur trägt ihr
weißes Kleid. Es ist wieder Ski und Rodelzeit.
Die Dörfer und Städte erstrahlen im Lichterglanz.
Schon der Duft von Weihnachtsgebäck,
gebrannten Mandeln und Glühwein laden bei den
vielen Weihnachtsmärkten in Stadt und Land ein.

Blumenpracht zur Bundesgartenschau in Koblenz

Lachen

Sobald wir lachen
entsteht ein allgemeines Wohlbefinden
und wir erleben ein heiteres, fröhliches Glücksgefühl.

Jedoch bewirkt das Lachen noch vieles mehr.
In der Medizin zum Beispiel
wird Lachen als Therapieunterstützung eingesetzt.
Lachen stärkt das Immunsystem
und aktiviert Glückshormone.

Durch die schnelle Atmung beim Lachen
wird die Funktion der Lunge und des Herzens gestärkt.
Es wird viermal so viel Sauerstoff transportiert,
als normalerweise.

Studien haben gezeigt, dass durch das Lachen
die Schmerzempfindung sehr stark verringert wird.
Lachen fördert den Heilungsprozess.

Lachen ist eine entspannende
und wichtige Körperfunktion,
ohne die wir uns nicht wohl fühlen würden.

Daher leben Sie nach dem Sprichwort:
»Lachen ist gesund.«

Das geschmückte Herz ziert unsere Wohnung

Liebe

Liebe ist eines der wichtigsten zentralen
Themen im Leben aller Menschen.

Jeder Mensch sehnt sich nach Liebe.

Alles Gute ist durch die Liebe
und von der Liebe geprägt.
Durch die Liebe fühlen wir uns glücklich.

Liebe ist eines
der wertvollsten Elemente in unserem Leben
und der Grundstein
für ein glückliches und erfülltes Leben.

Liebe ist Harmonie, Geborgenheit,
Freundschaft, Verzeihen, Freude,
Anerkennung, Vertrauen und Wertschätzung.

Liebe ist das Größte im Leben!

Mut ist oft der Anfang des Erfolgs

Mut

Etwas Neues zu beginnen, zu gestalten,
zu unternehmen, zu entwickeln,
zu erforschen oder etwas zu wagen,
das erfordert oft den persönlichen Mut.

Plötzlich tut man es einfach, wagt ein neues
Vorhaben und mit etwas Mut gelingt die Idee.
Sehr oft stand und steht am Anfang zum Erfolg der Mut.
Danach entsteht aus der Idee die Verwirklichung.
Der Mut gab die Kraft das Entscheidende zu tun. Natürlich
gehören vertretbare Risiken mit dazu.
Warum es dann nicht einfach wagen, mutig sein?

Mut ist Vertrauen in sich selbst.
Wichtig dabei ist es, sich bewusst Mut zu machen.
Etwas zu tun für das man befähigt ist.
Manchmal fehlt lediglich der kleine innere »Ruck«
zum Start eines Ziels der eigenen Vorstellung
und deren Gestaltung.

»Was wäre das Leben,
hätten wir nicht den Mut etwas zu riskieren.«

(Vincent van Gogh)

Der Feldsee unterhalb vom Feldberg

Natur

Die Natur gibt uns Menschen und den Tieren
alles zum Leben.
Alles wird von der Natur mit Bedeutung kreiert
und hat seinen Sinn.

Oft nicht weit von der Haustüre entfernt,
können wir einzigartige Naturschönheiten entdecken.
Bei einer Wanderung sehen wir die Vielfalt
der Blumen mit den prächtigen Farben und Düften.

Ein wahrer Genuss für Körper und Seele sind die
wunderschönen Ausblicke auf Berge,
Seen oder das Meer.
Der Wind und das Wasser prägen einzigartige Formen
aus Holz und Gestein als wahre Naturwunder.

Auch in den vielen Naturparks
entdecken wir echte Perlen der Natur.
Schärfen auch Sie stets den Blick
auf die Schönheiten der Natur.

Genießen Sie das kristallklare Wasser und die Ruhe
und die Stille der Natur.
Es gilt die Natur zu schützen und zu pflegen.

Die Alb in St. Blasien im Schwarzwald

Problem

Zunächst ist es wichtig,
dass Sie in vielen täglichen Dingen
nicht ein Problem bei sich selbst sehen.

Meistens sind es Aufgaben und Erledigungen,
welche zu bewältigen sind.
Es könnte dann zum Problem werden,
wenn zum Beispiel eine Aufgabe
oder Erledigung nicht bearbeitet wird.

Ein Problem hilft zu lernen.
An einem Problem kann man wachsen
und sich weiterentwickeln.

Wichtig ist zu erkennen,
dass oft nicht Sie ein Problem haben,
sondern Ihr gegenüber.

Die Lösung eines Problems besteht darin,
dieses siegreich und erfolgreich auszuführen.

Daher sollte man nicht in dem Problem verharren,
sondern die Lösung anstreben.

Wunderschöne Parkanlage in Bingen

Selbstbewusstsein

Das Selbstbewusstsein ist eines
der Schlüssel für Glück, Gesundheit und Erfolg.

Ein gutes Selbstbewusstsein
kann vor Krankheiten schützen.

Durch das positive Denken
wird Ihnen vieles erleichtert.

Das Selbstbewusstsein
kann man trainieren und lernen.

Um das Selbstbewusstsein zu stärken,
richten Sie Ihren Blick auf das,
was Sie können und erlernt haben.

Nutzen Sie Ihre Kraft für Ihre Fähigkeiten,
welche Sie bereits besitzen.
Geben Sie sich Anerkennung und Lob für all das,
was Ihnen gelungen ist und für alles,
was Sie weiterhin dazu gelernt haben.

Sie müssen sich mögen, sich vertrauen
und auf Ihre Erfolge aufbauen.
Dadurch gehen Sie gelassener durch die Welt.

Sommerblumenwiese bei Titisee im Schwarzwald

Singen

*Das Singen ist die älteste
musikalische Ausdrucksform der Menschen.*

*»Suche das Schöne im Reiche der Töne.«
So treffend ist es auf einer traditionsreichen
Gesangvereinsfahne festgeschrieben.*

*Denn Singen macht Spaß und Singen tut gut.
Singen ist die Harmonie
von Körper, Geist und Seele.*

*Singen ist eine Möglichkeit
sich selbst immer wieder zu begegnen.*

*Singen befreit, löst Anspannungen
und macht ausgeglichener.*

*Das gemeinsame Singen gibt ein Gefühl
der Zusammengehörigkeit
und verbindet Jung und Alt gleichermaßen.*

*Singen schafft Freude und Freundschaften.
Gehen Sie doch einfach einmal zur Probe
in eine Singstunde Ihres örtlichen Chores.*

Durch die Sonne entsteht Leben!

Sonne - Wärme - Leben

Jeder weiß, dass ein Leben auf unserer Erde nur durch
die Leuchtkraft und Wärme der Sonne möglich ist.
Und weil dies für uns Menschen von größter
Bedeutung ist, sollten wir diesen einzigartigen
Planeten auch ganz bewusst wahrnehmen.

Die Sonne gibt uns Kraft, Leben, Licht, Wärme und sorgt
für Wachstum. Sie erhält uns gesund und macht uns
glücklich. Die Sonne bestimmt weithin unser
Wohlbefinden und unsere Fröhlichkeit.

Ein wenig Lexikon zur Sonne:
Die Sonne ist 149.599 Millionen Kilometer
von der Erde entfernt.
Wegen der nicht ganz runden kreisenden Erdbahn
schwankt die jährliche Distanz zwischen
147 Mio. und 152 Mio. Kilometer.
Sie ist 330.000 Mal so groß wie die Erde und
hat einen Durchmesser von 1,4 Millionen Kilometer.

Mein schönstes Zitat zur Sonne:
»Die Sonne ist das Auge der Welt, die Freude des Tages,
die Schönheit des Himmels, die Anmut der Natur,
das Juwel der Schöpfung.«
(Ambrosius (Hymnendichter))

Schon mit ein wenig Sonnenschein
ist unser Leben gleich viel schöner.

Der Bodensee bei Konstanz

Vertrauen

Vertrauen ist die Grundlage und Basis
jeder zwischenmenschlichen Beziehung.
Ob zwischen Ehepartnern, Eltern und Kindern,
Freunden und Partnern im persönlichen,
privaten oder beruflichen Bereich.

Wir kennen die Begriffe wie z.B.:
Dir vertrauen können, Vertraulichkeit, zutrauen.

Doch das Vertrauen muss aufgebaut,
bzw. gebildet werden.
Sie müssen vertrauenswürdig sein.
Es gibt ein paar Schritte für die Vertrauensbildung.

Der erste Schritt und entscheidende Schritt lautet:
Sie müssen stets das Wort,
das Versprechen immer einhalten.
Sie müssen Ihrem Gegenüber ganz offen
Informationen preis geben,
damit er spürt, dass nichts verborgen wird.
Sie dürfen die Wahrheit nicht verstecken.
Sie müssen offen, ehrlich, kompetent und fair sein.

Deshalb ist eine gute Vertrauensbasis wichtig
für unser seelisches Wohlbefinden
und unsere Beziehungen.

Kristallklare Wutach in Lauchringen,
Kreis Waldshut-Tiengen

Wasser, Quelle des Lebens

Das Wasser möchte ich zunächst beschreiben
als Quelle des Lebens, als Jungbrunnen,
als gesunde Lösung für unseren Körper,
als Lebenselixier.

Unser Körper besteht zu ca. 75% aus Wasser.
Schon daher ist das Wasser
für alle Abläufe im Körper
sowie für die Funktion der Organe notwendig.

Wasser ist wichtig für unser Aussehen
und für einen guten Immunschutz.
Wasser ist der wichtigste Bestandteil
des menschlichen Körpers.

Weil wir dauernd Wasser verlieren und verbrauchen,
müssen wir für genügend Nachschub sorgen.
Zwei bis drei Liter täglich sind notwendig.
Dies ist auch abhängig vom Alter, Sport, Beruf.

Wasser ist einfach Genuss pur und erfrischend.

Rosengarten Insel Mainau

Wünsche und wünschen

Gerade das Wünschen will gelernt sein. Wünsche gehen
in Erfüllung. Jeden Tag. Wünsche laufen über unsere
Gedanken und das Universum.

Richtiges Wünschen bedeutet zu einhundert Prozent
an den Wunsch glauben.
Vor allem aber nicht an dem Gewünschten zweifeln,
sondern von der Verwirklichung überzeugt sein.

Von Vorteil ist, beim Wünschen stets froh gelaunt
und in positiven Gedanken zu sein.

Ehrliche und aufrichtige Wünsche
müssen immer wieder wiederholt werden.
Das Unterbewusstsein wird den Wunsch weitertragen.

Wichtig ist, den Wunsch knapp, präzise
und klar zu formulieren.
Jeder Wunsch ist Energie.
Er will und wird sich konkretisieren.

Wir kennen die Sätze wie:
Ich wünsche dir von Herzen,
oder es ist ein Herzenswunsch von mir.
Daher sollten die Wünsche stets
»von Herzen« kommen.

Das Unterstadttor in Meersburg am Bodensee

Zeit

Irgendwann fragt sich jeder:
Wo sind all die Jahre geblieben?
Sicher kennen Sie den Spruch:
»Die Zeit verging wie im Fluge.«
Aber die Zeit ist wertvoll
und sie kommt nicht mehr zurück.
Daher nehmen Sie sich stets die Zeit für meine zwölf
ausgewählten Themen im Alltag.

Zeit zum Leben

Zeit zum Glücklich sein

Zeit zum Lachen

Zeit zum Freuen

Zeit zum Feiern

Zeit zum Wandern

Zeit zum Träumen

Zeit für die Liebe

Zeit für die Familie

Zeit für Freunde

Zeit für kleine Auszeiten

Zeit für schöne Momente

Sonnenuntergang in Hagnau am Bodensee

Ziele

Dem Leben ein konkretes, klares
und bestimmtes Ziel vorgeben,
lautet die Devise.

Das Ziel müssen Sie tatsächlich erreichen wollen
und entsprechend daran glauben.

Von Ihrem Ziel müssen Sie fest überzeugt sein.
Für das gewünschte Ziel
müssen Sie jetzt die Entscheidung
und Absicht treffen.

Ohne Anstrengung
werden Sie Ihr gewünschtes Ziel nicht erreichen.

Das Ziel muss machbar, motivierend
und anspornend sein.

Wer sein Ziel kennt,
dem wird keine günstige Gelegenheit entgehen,
die Pläne für sein Ziel zu verwirklichen.

Ziele sind eine Herausforderung und
geben unserem Leben einen Sinn.

Schifffahrt auf dem Titisee im Schwarzwald

Zufriedenheit

Zufrieden zu sein ist ein wichtiger Teil
des Wohlbefindens für uns Menschen.
Dieses Wohlbefinden bestimmt im Allgemeinen
unsere Gesundheit und unsere Lebensqualität.

Sobald man sich bewusst ist, was man alles besitzt
und vor allem dafür dankbar ist,
stellt sich weitere Zufriedenheit ein.
Genießen Sie die einfachen Dinge wie gute Gespräche,
ein schönes Bad, ein gutes Buch oder Musik zu hören.

Lebenszufriedenheit ist Harmonie im Leben.
Die Grundstimmung für das Glück ist Zufriedenheit.
Deshalb nicht darüber klagen,
was alles fehlen könnte.

Auch sollten Sie nicht zu kritisch
gegen sich selbst sein.
Wenn sie Unzufriedenheit spüren,
suchen sie neue Herausforderungen
und stecken sich neue Ziele.

**»Der unzufriedene Mensch findet keinen
bequemen Stuhl.«**

(Benjamin Franklin)

Blumenschuhe in Schluchsee im Schwarzwald

Zweifel

Im Wort Zweifel ist das Wort »Zwei« integriert.
Die Bedeutung ist demnach zweifach.
Einerseits hat der Zweifel die Eigenschaft,
»etwas anzuzweifeln.«

Dies kann von Vorteil sein, zum Beispiel wenn Sie unsicher
sind, etwas überdenken möchten oder skeptisch sind.
Hier ist berechtigter Zweifel durchaus angebracht.

Zum anderen sollten Sie nicht bei Vielem
daran zweifeln, was Sie jetzt tun möchten.
Gehen Sie mit dem Zweifel richtig um.
Lassen Sie sich nicht von unbegründetem Zweifel plagen.

Denn sonst entstehen die Gedanken wie:
Bin verzweifelt, alles zweifelhaft.
Haben Sie eine feste Entscheidung getroffen,
einen Wunsch geäußert oder ein Ziel vereinbart,
dürfen Sie nicht mehr daran zweifeln.

Der Zweifel wirft sonst alles wieder über Bord.
Vieles wäre nicht geschehen, hätten z.B. Erfinder
an ihren Gedanken oder Ideen gezweifelt.
Bei Zweifel sind oft persönliche Gespräche
mit Kollegen und Freunden sehr hilfreich.

Gesunde Ernährung - ein wichtiger Baustein

Gesundheitstipps der drei Ärzte

Dr. Essen Gönnen Sie sich immer mal wieder etwas „Besonderes", ganz nach Ihrem Sinn und Ihrer Idee. Genießen Sie feines Obst und erfrischende Getränke.

Dr. Ruhe Entspannen Sie sich und erfreuen Sie sich an der Natur und an vielen schönen Dingen. Relaxen, lesen und einfach glücklich sein, gehören mit dazu.

Dr. Fröhlich Haben Sie gute Gedanken und gute Gespräche. Freuen Sie sich über Ihre Gesundheit. Singen, wandern und bewegen, gehören mit dazu.